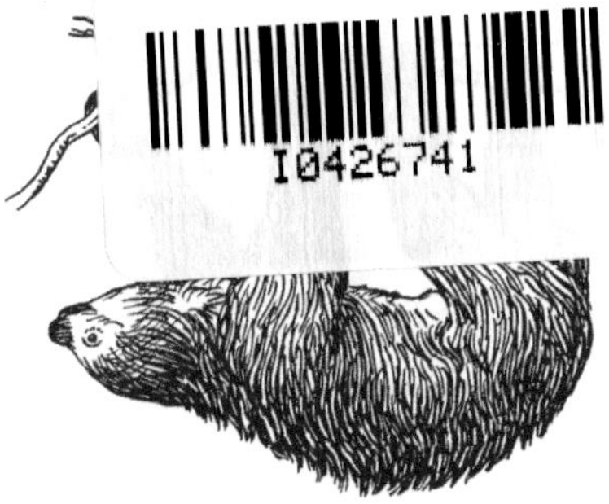

This Book Belongs to:

◆————————————————————————————◆

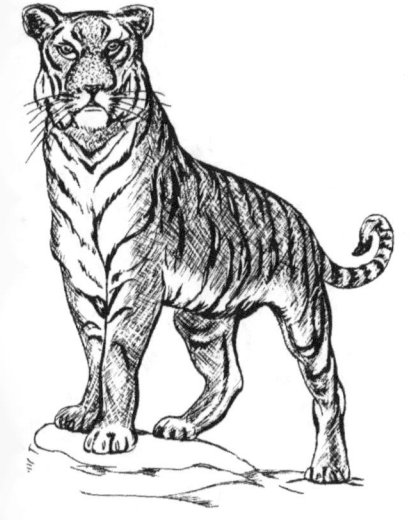

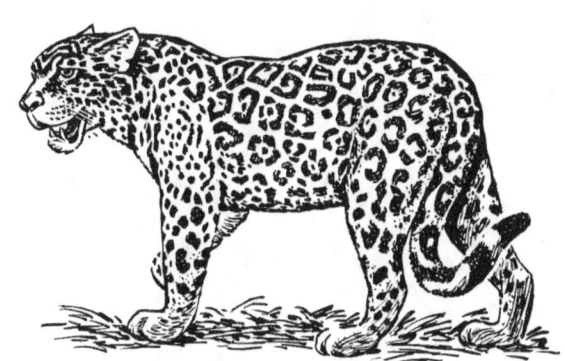

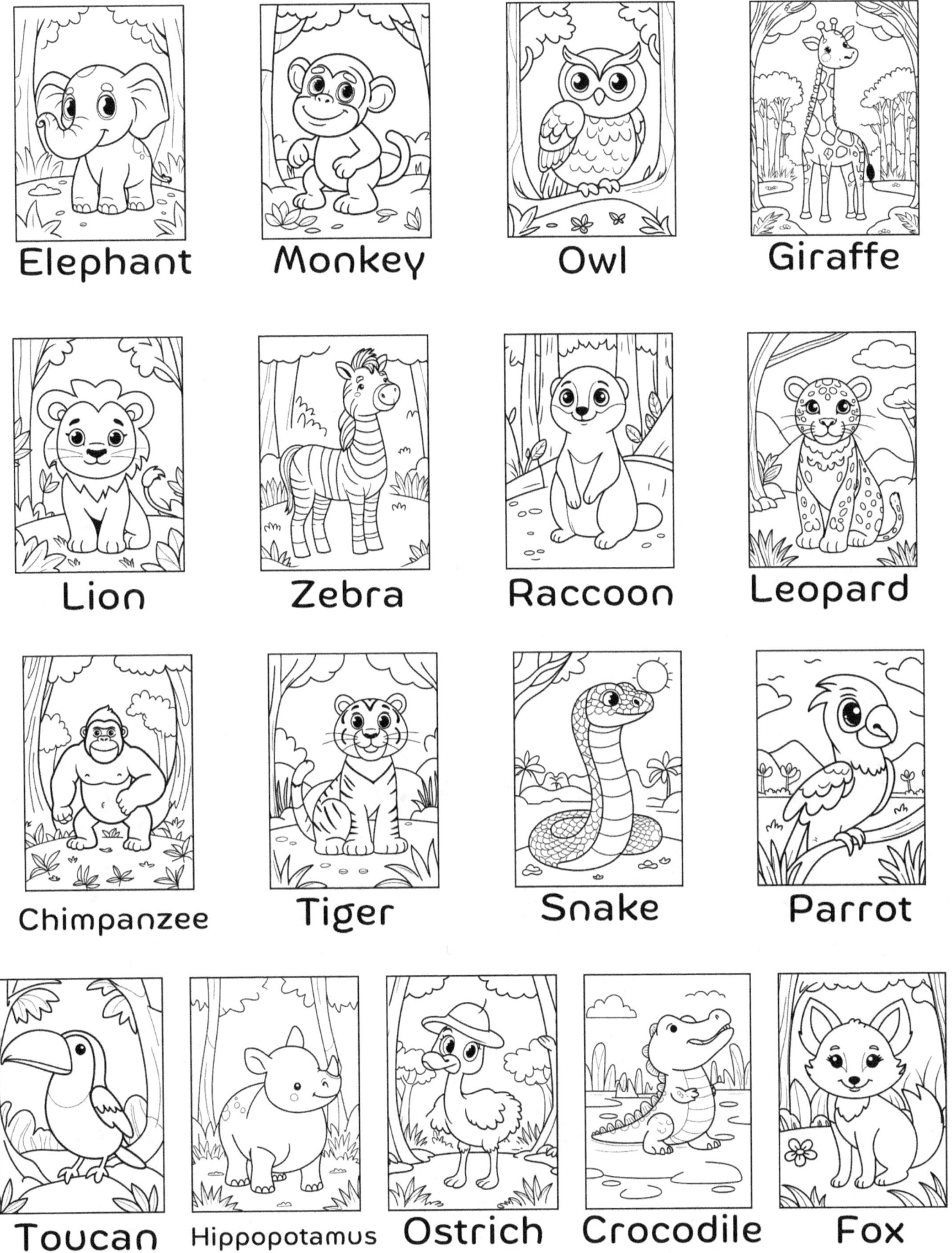

Elephant   Monkey   Owl   Giraffe

Lion   Zebra   Raccoon   Leopard

Chimpanzee   Tiger   Snake   Parrot

Toucan   Hippopotamus   Ostrich   Crocodile   Fox

Test Color Page

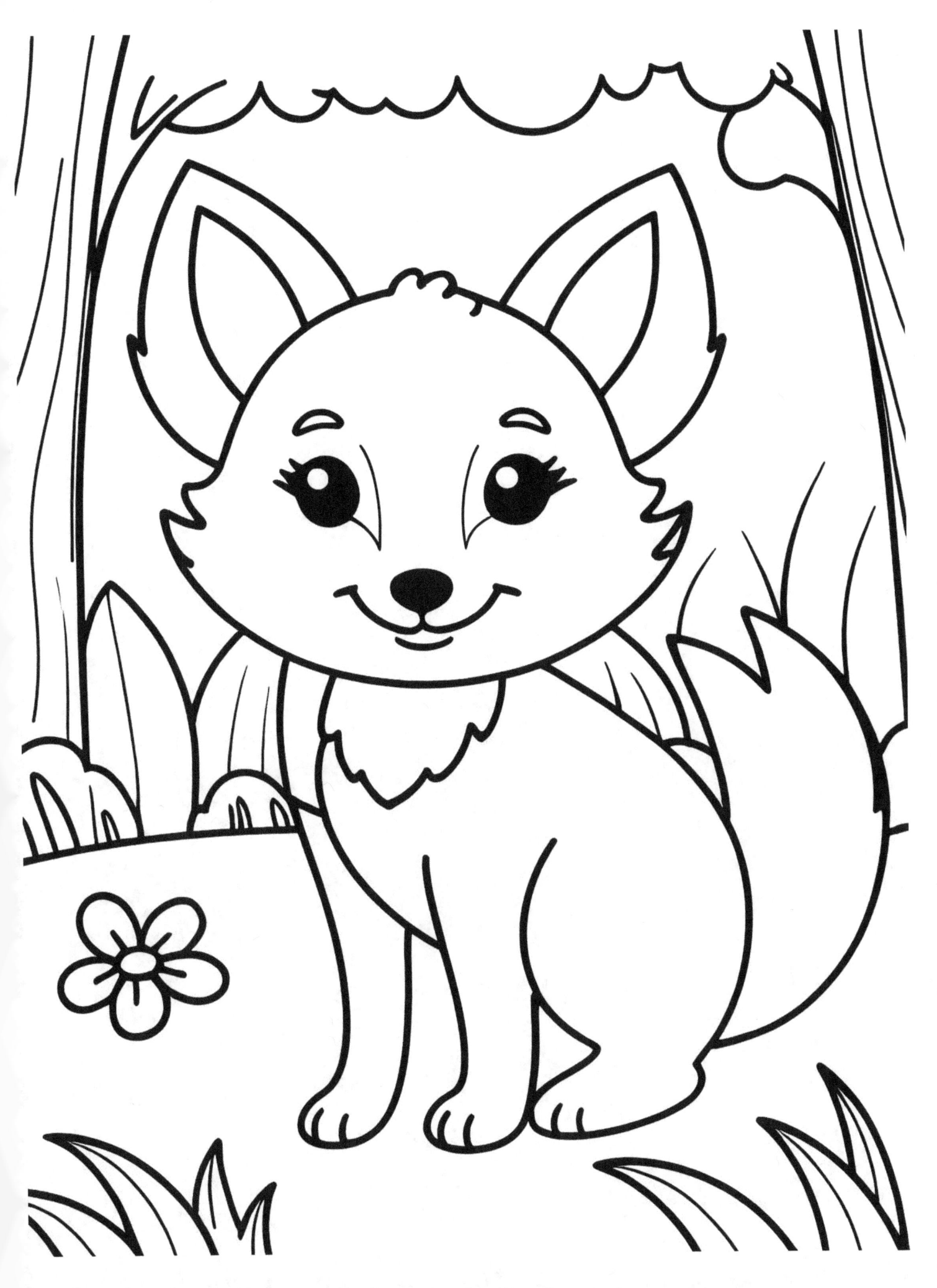

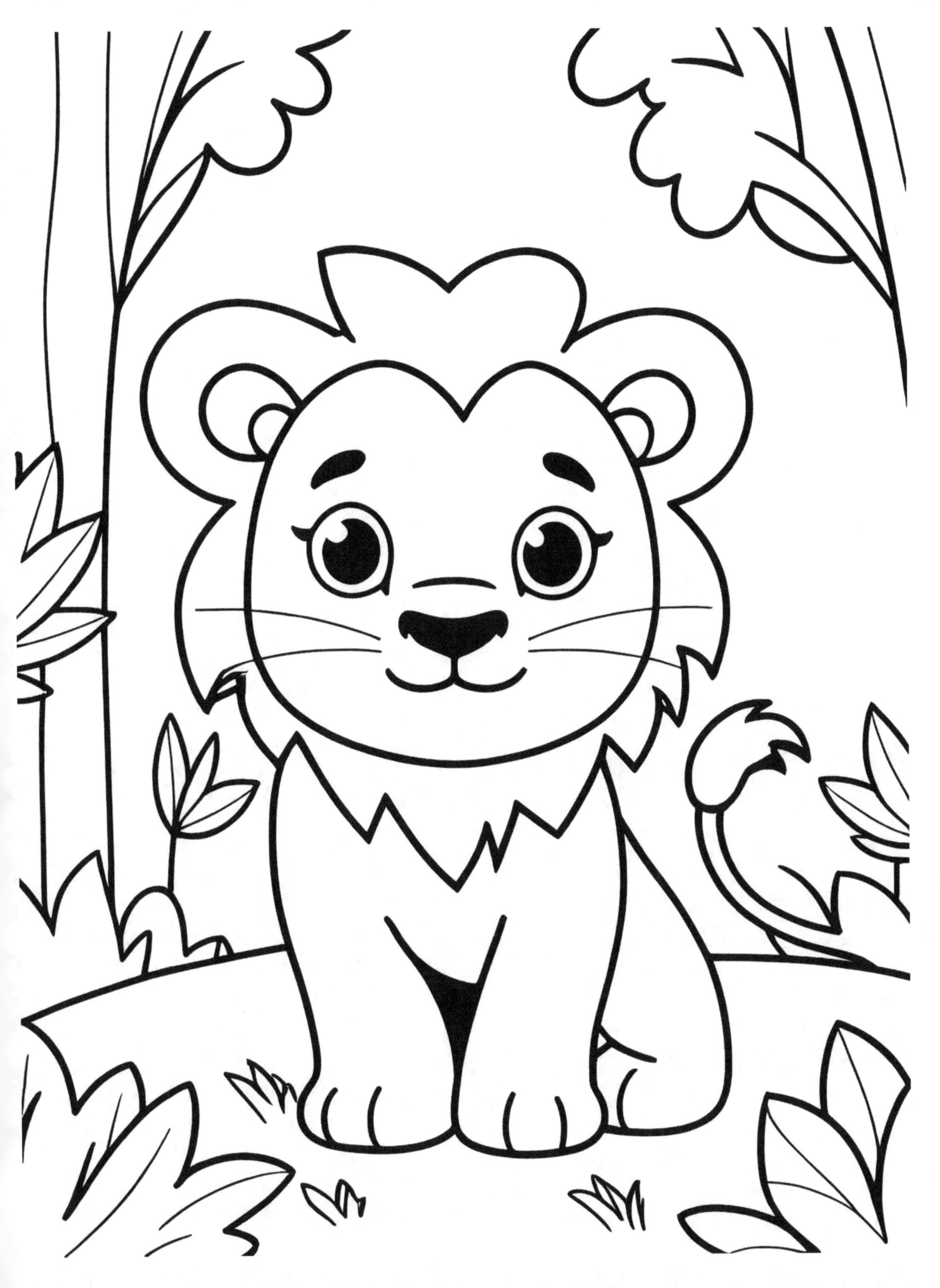

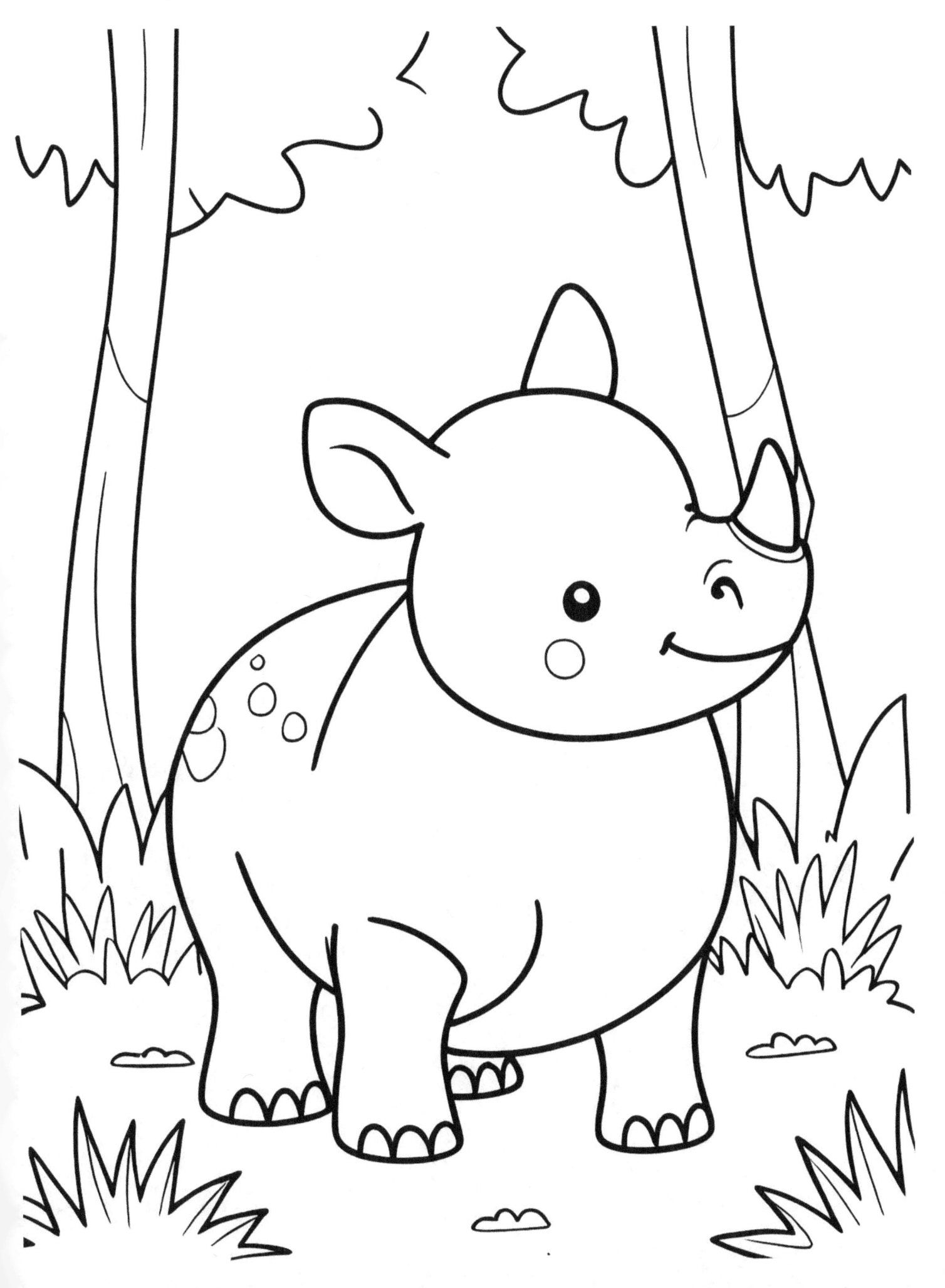

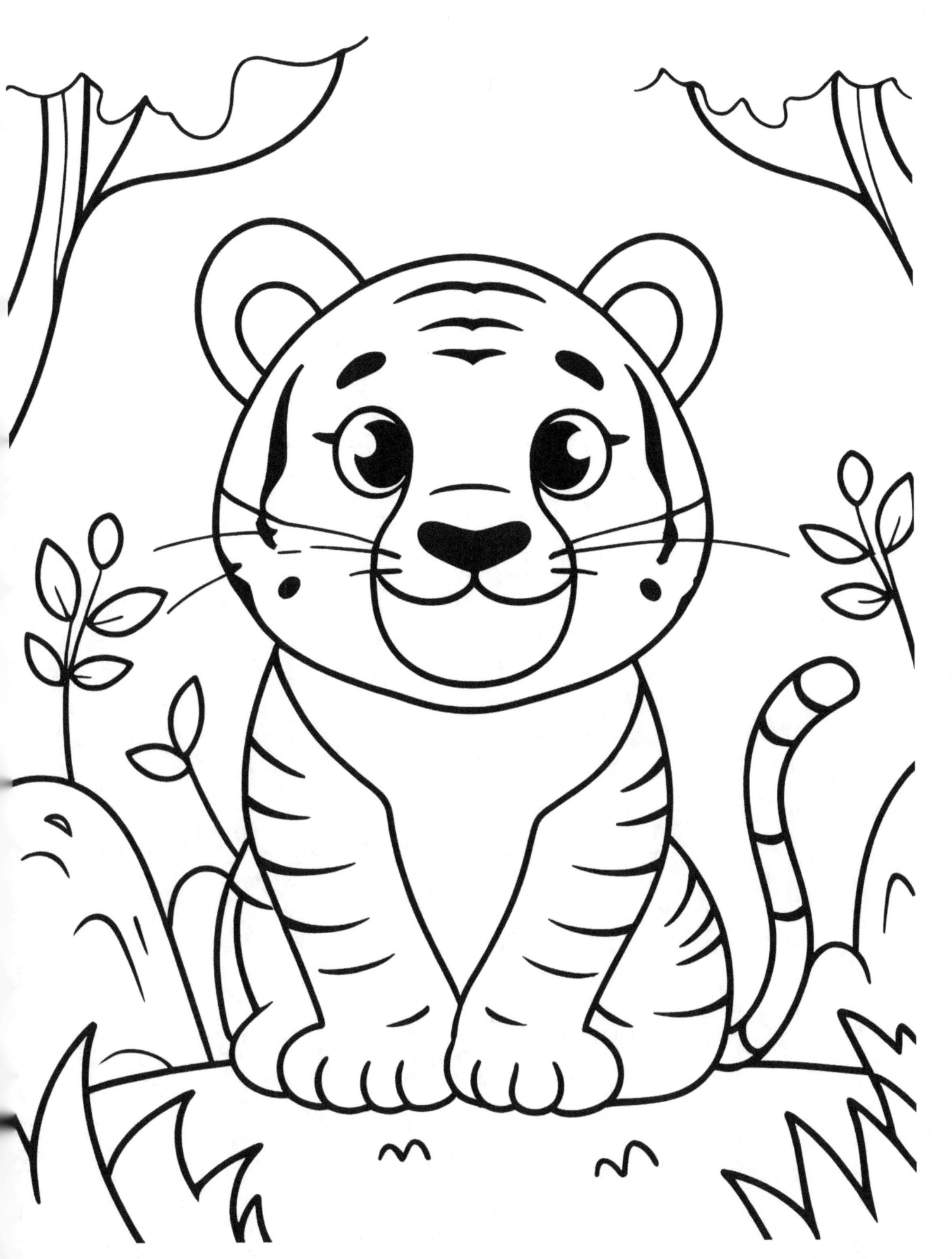

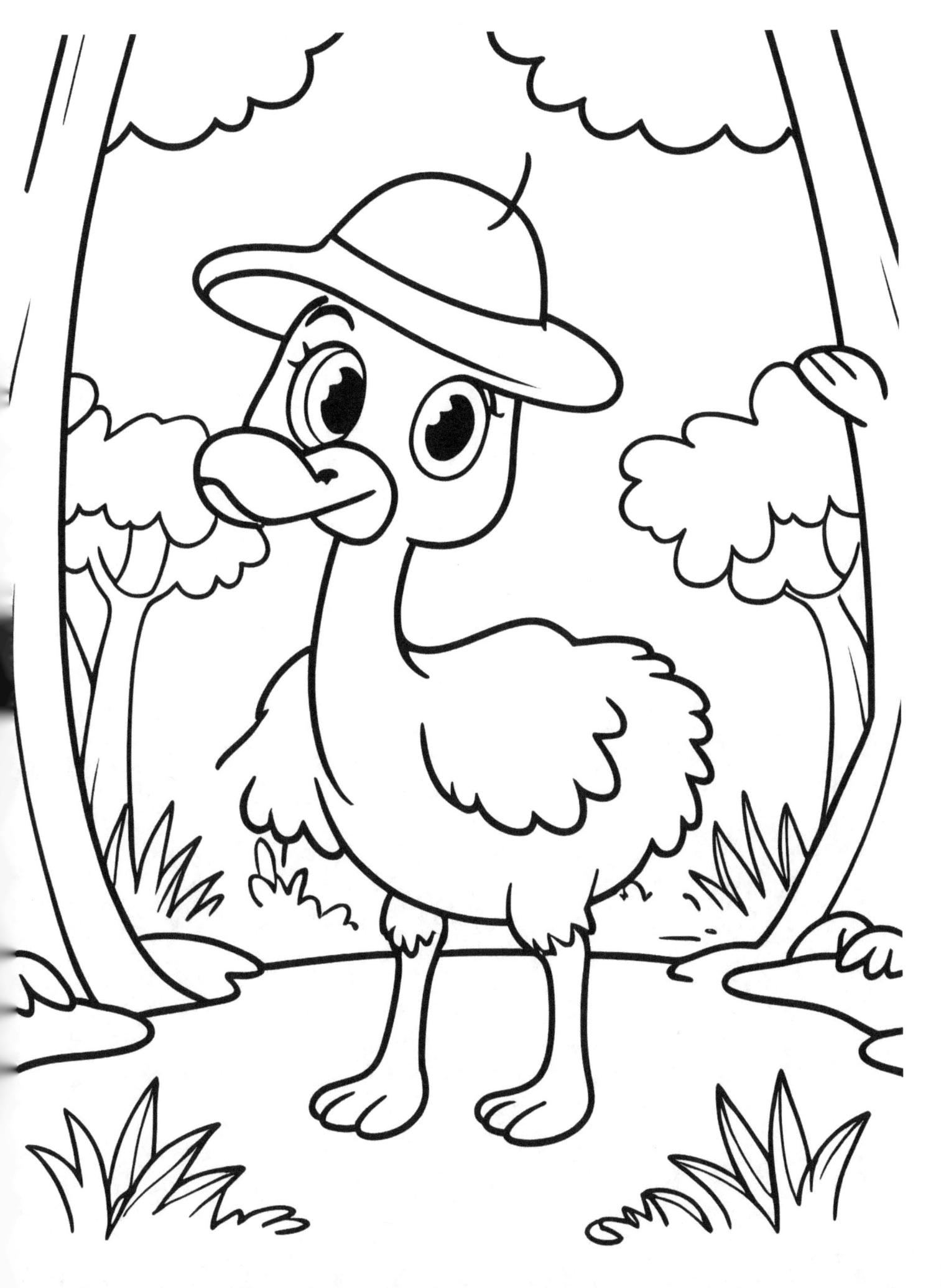

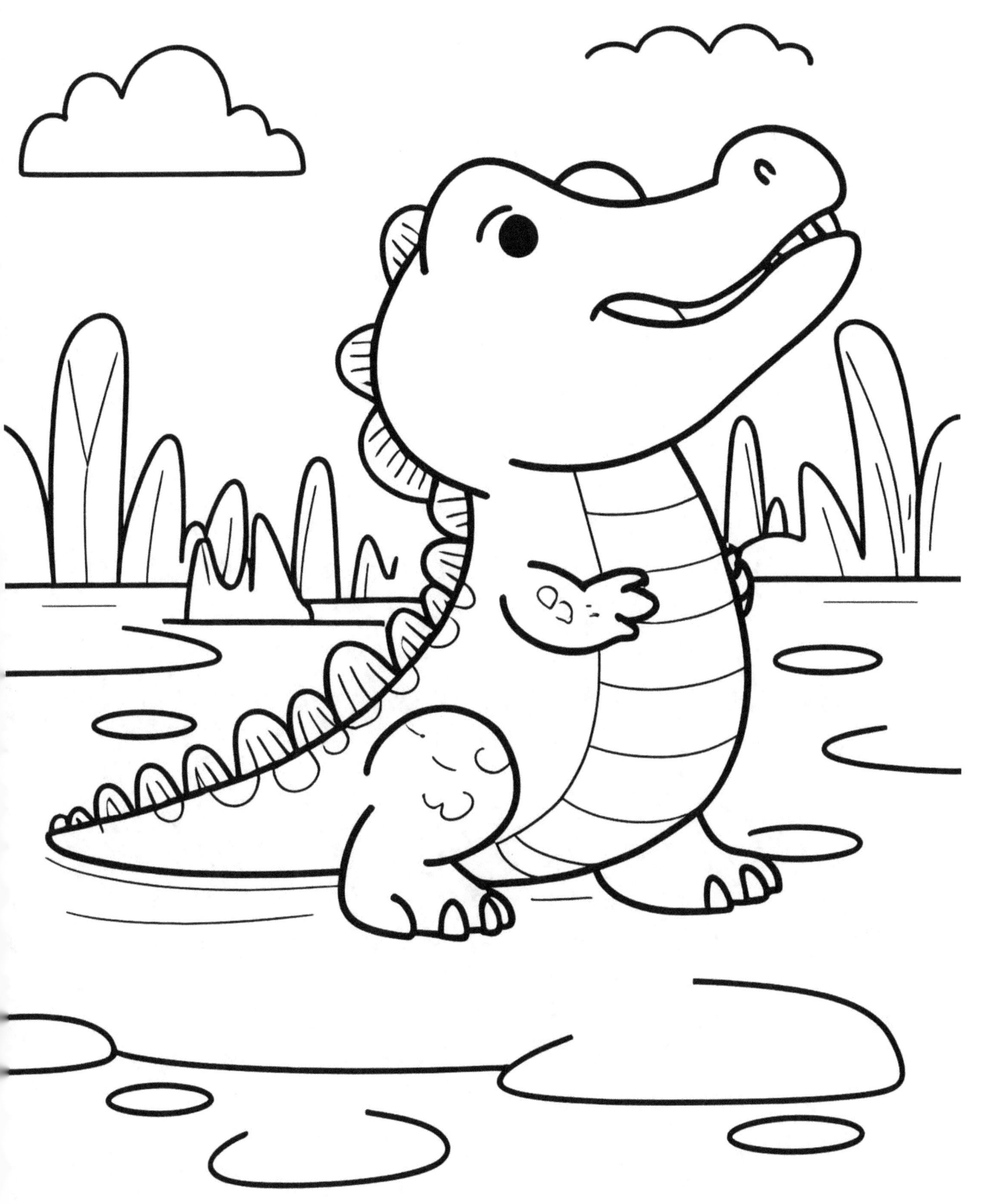

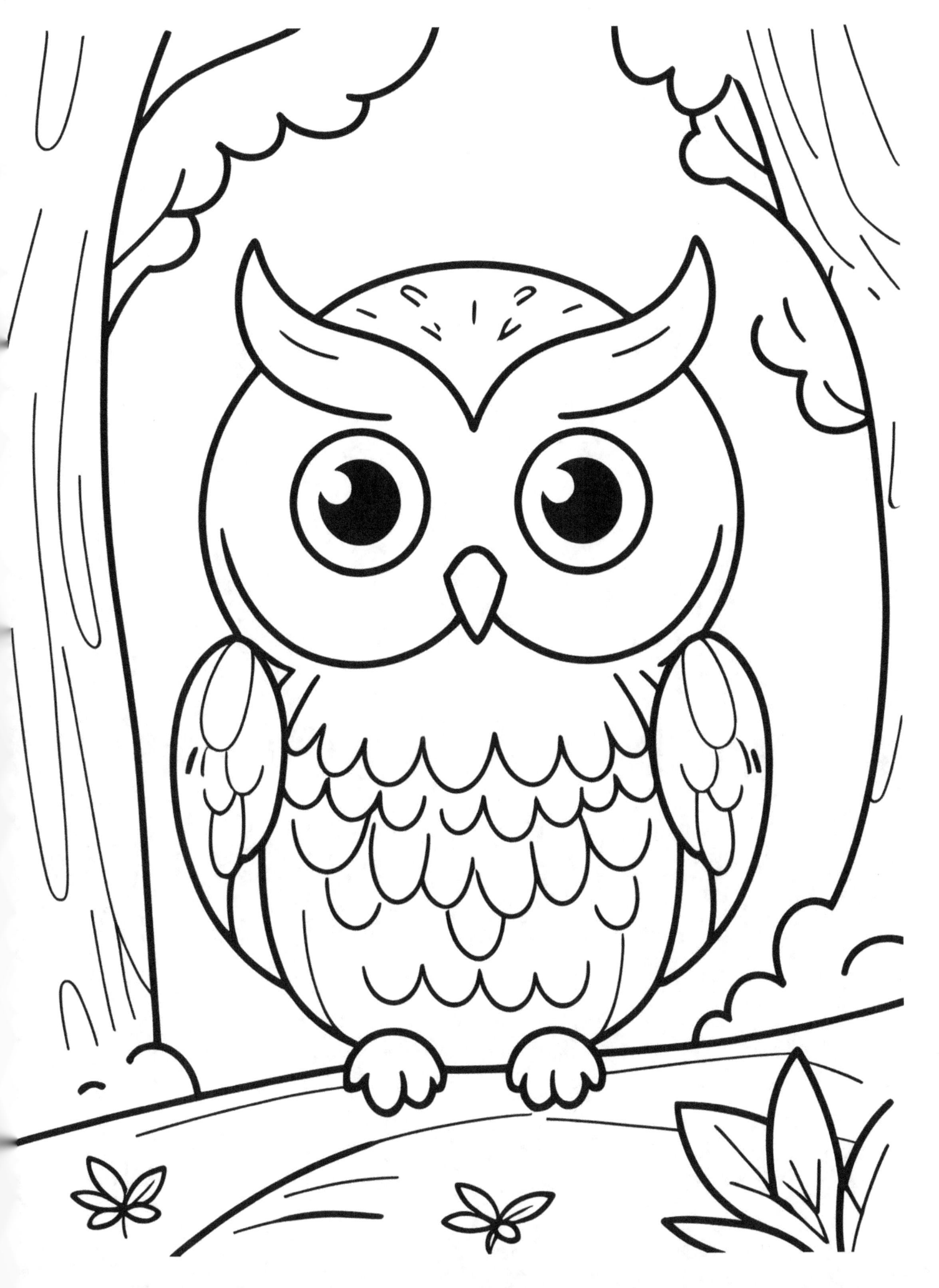

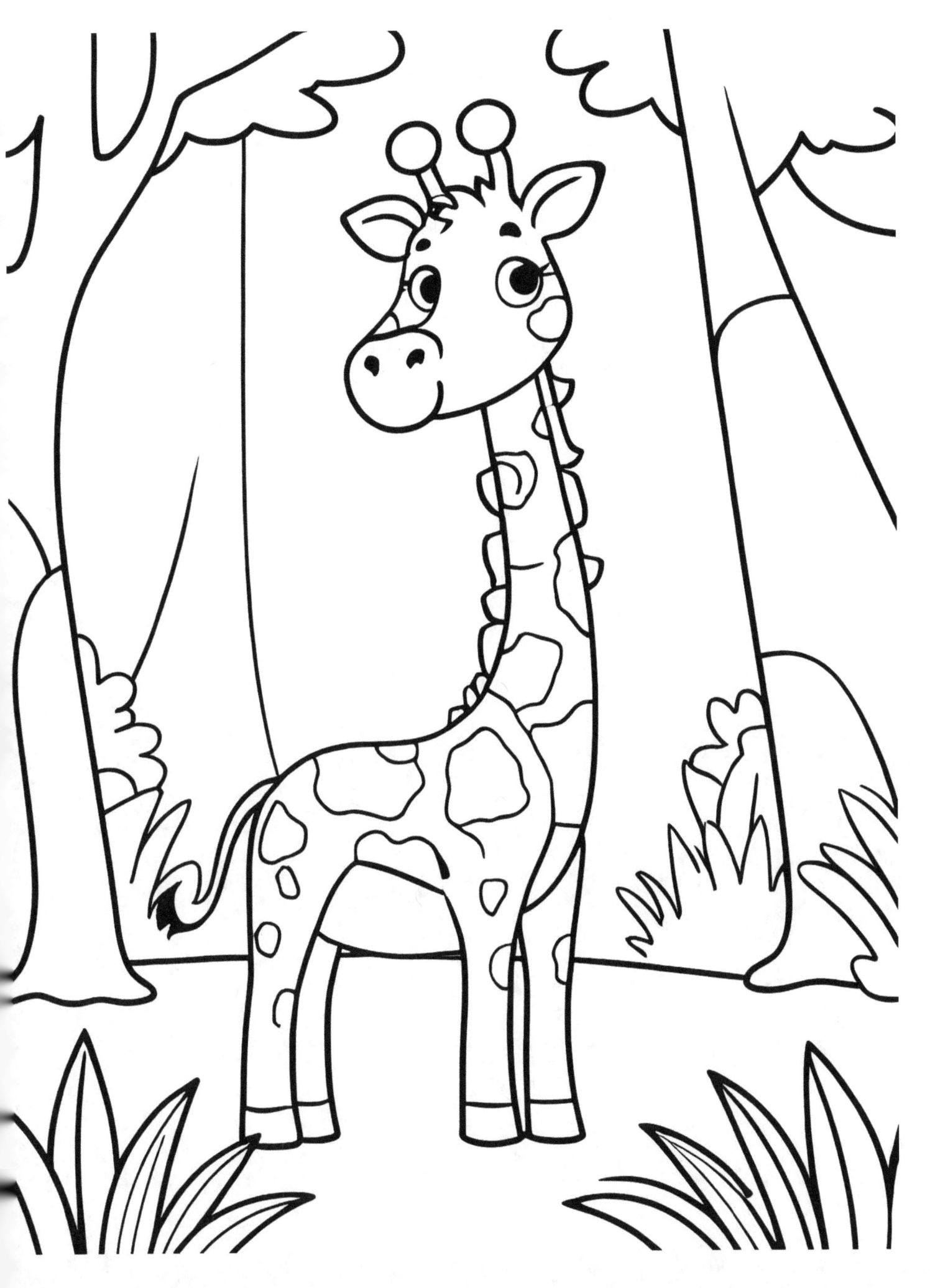

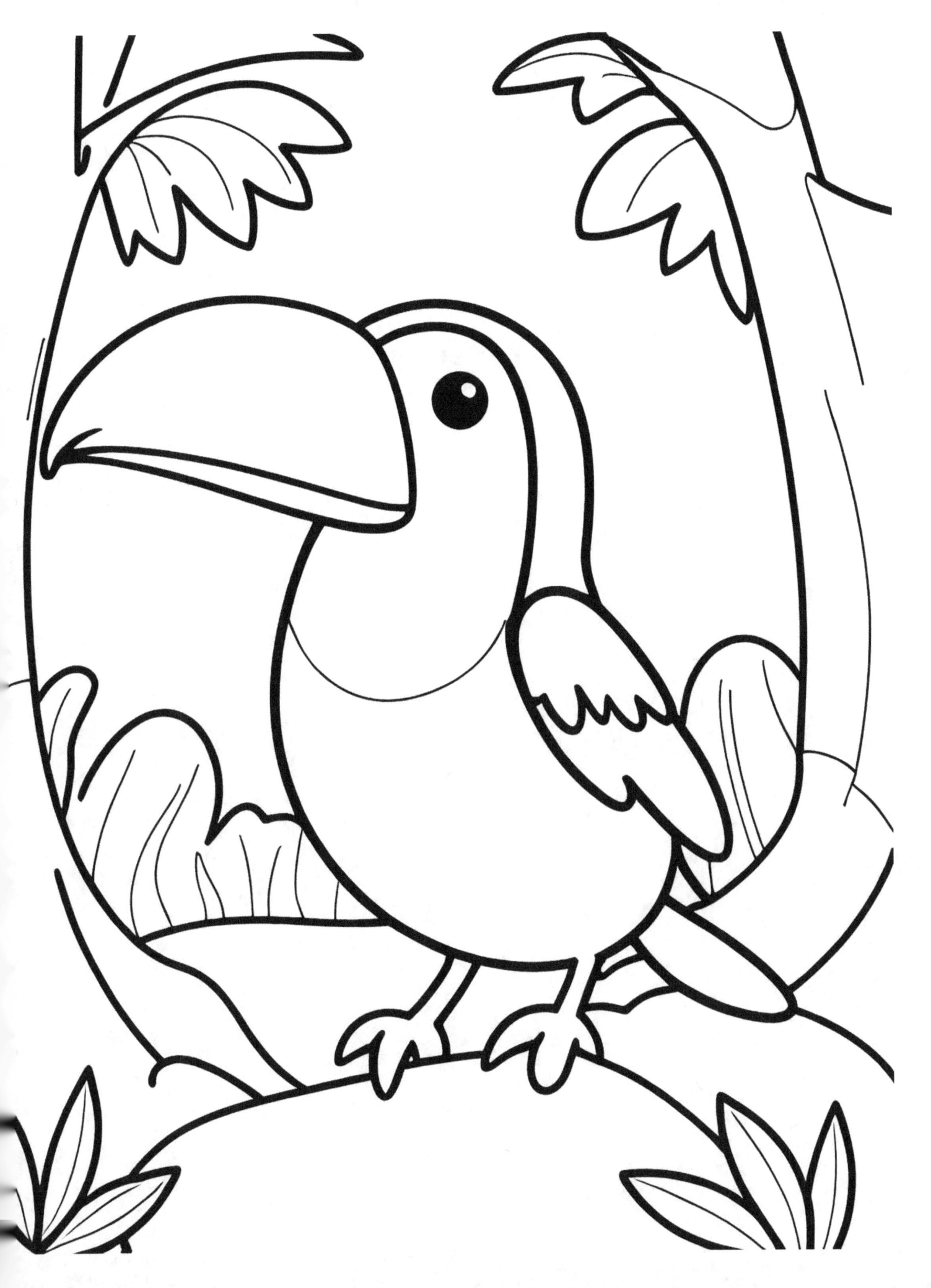

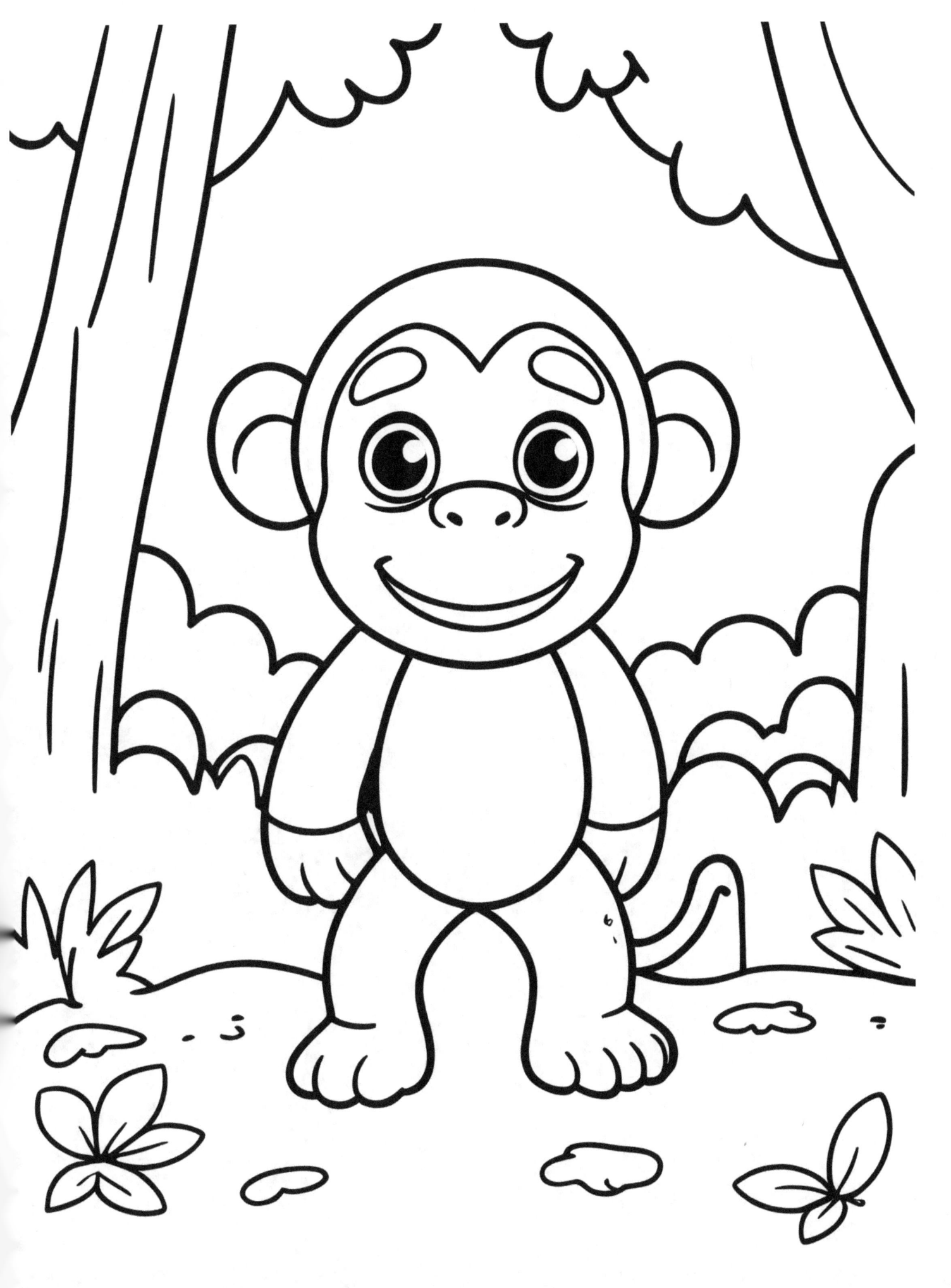

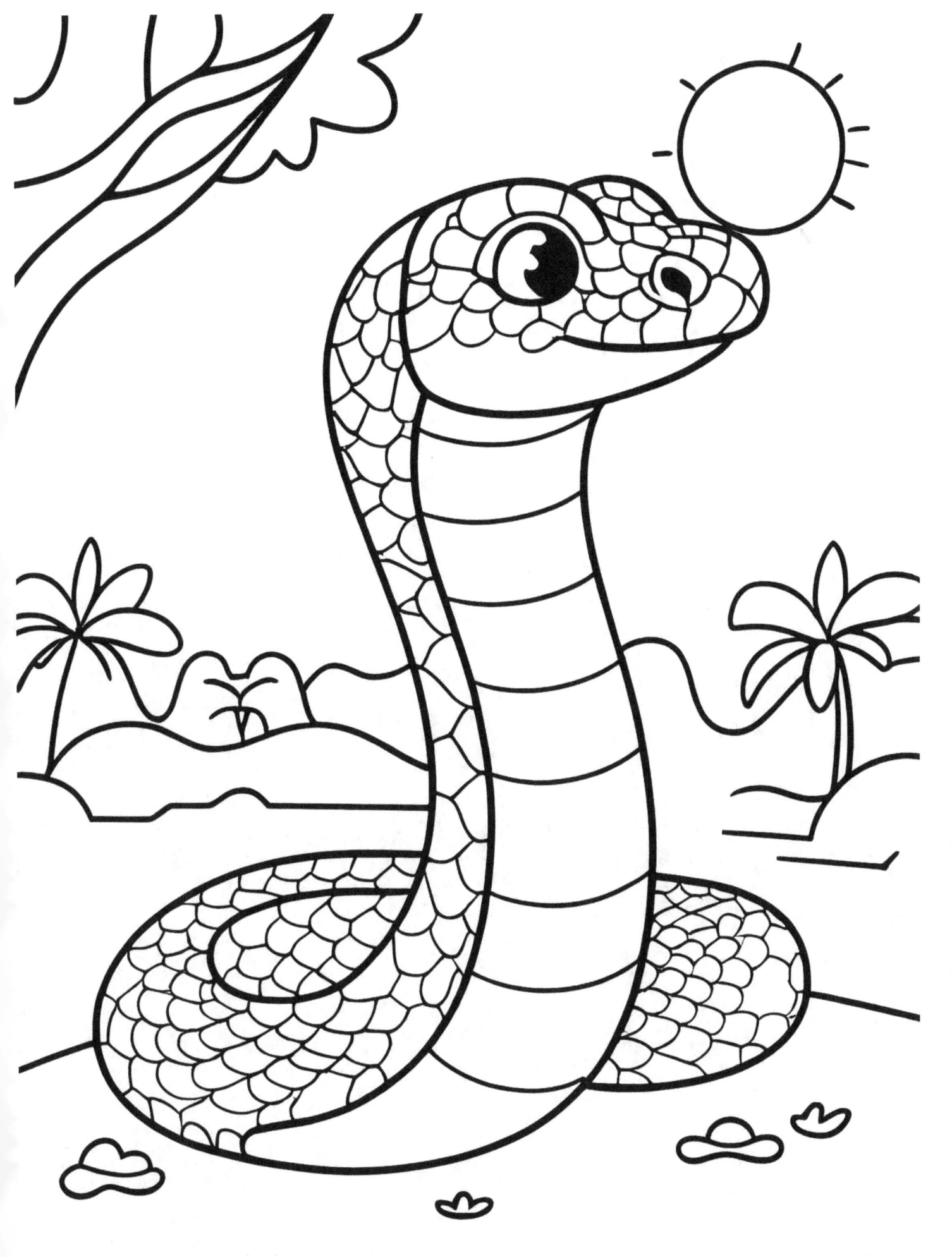

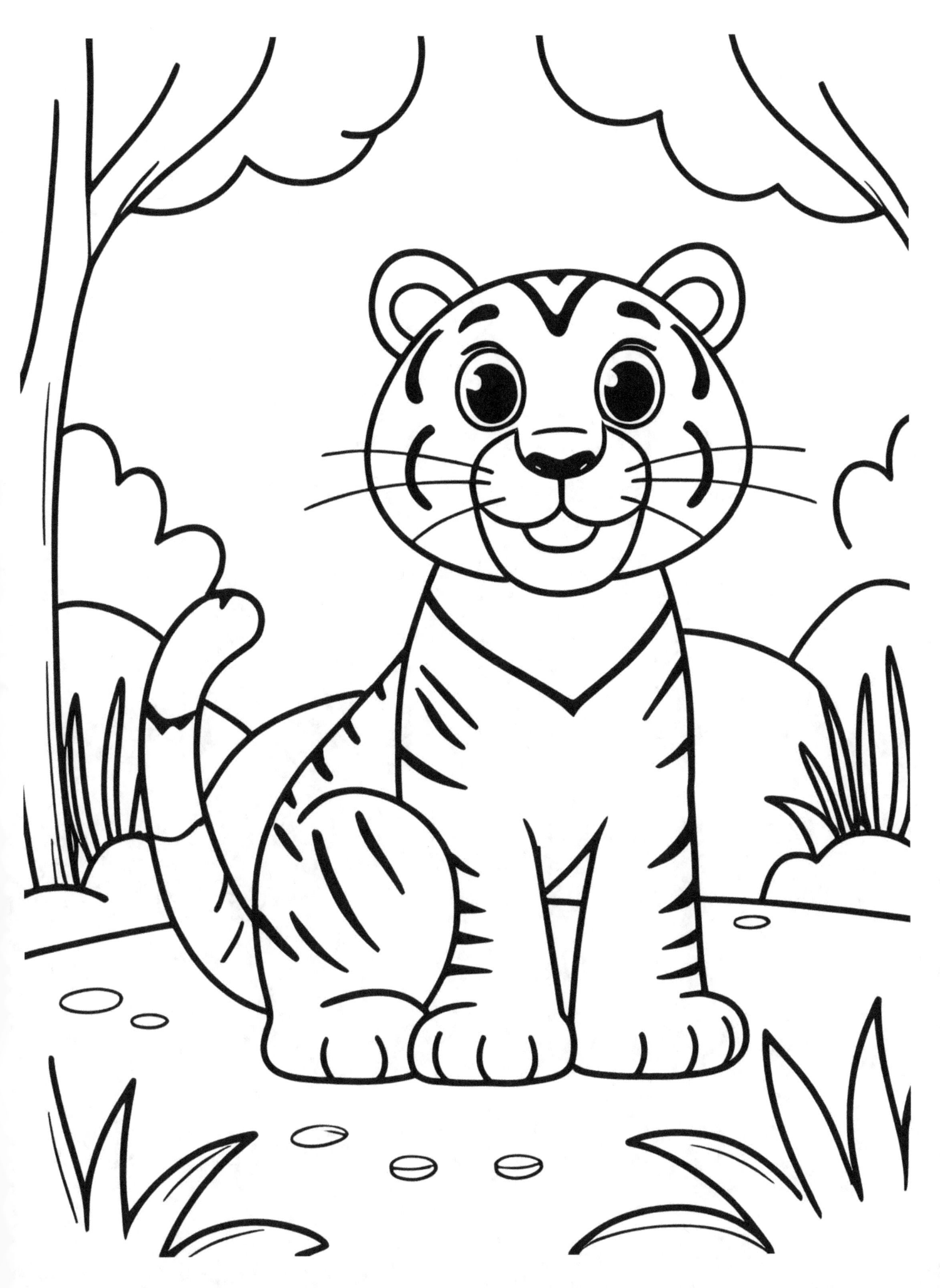

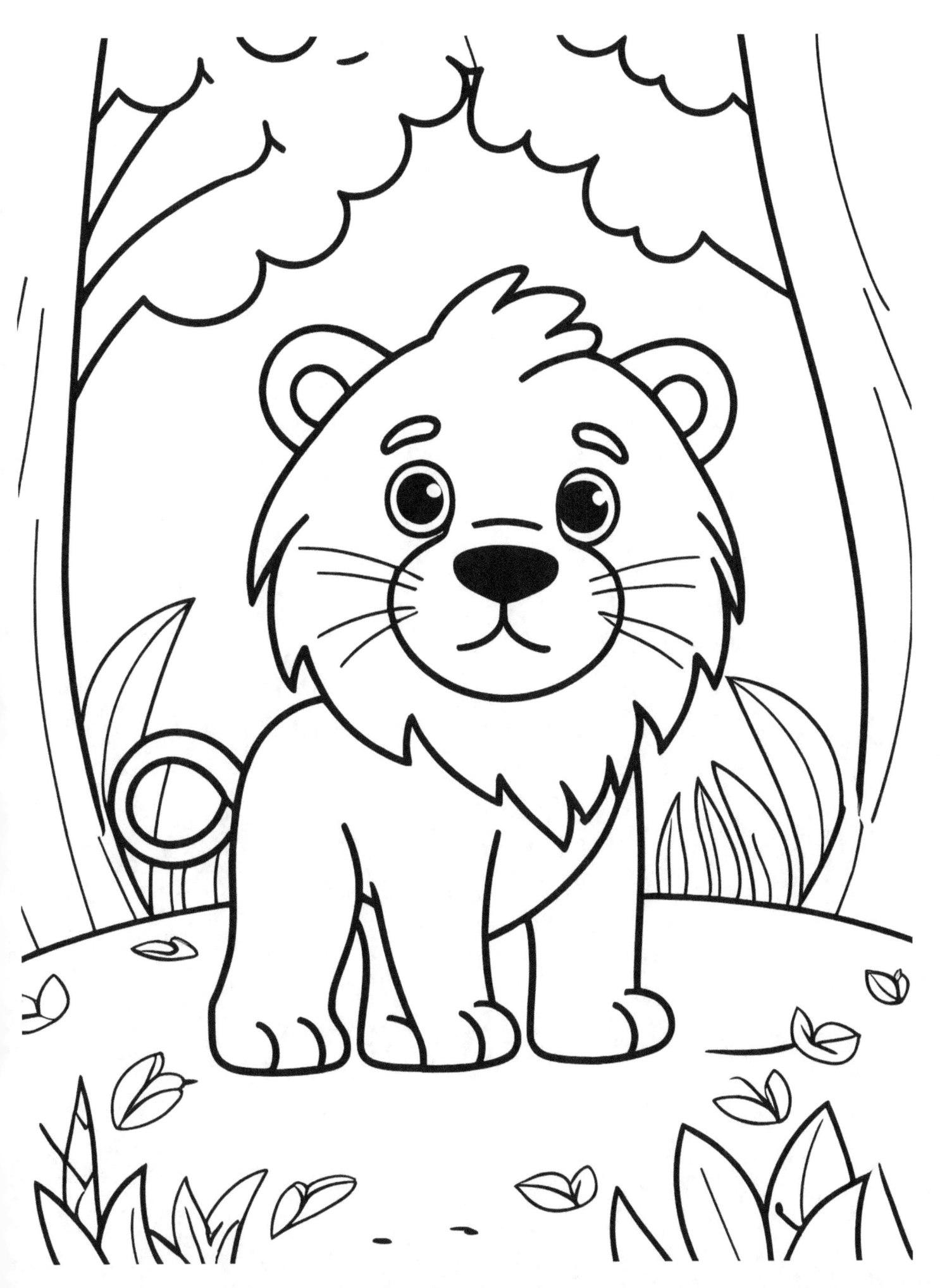

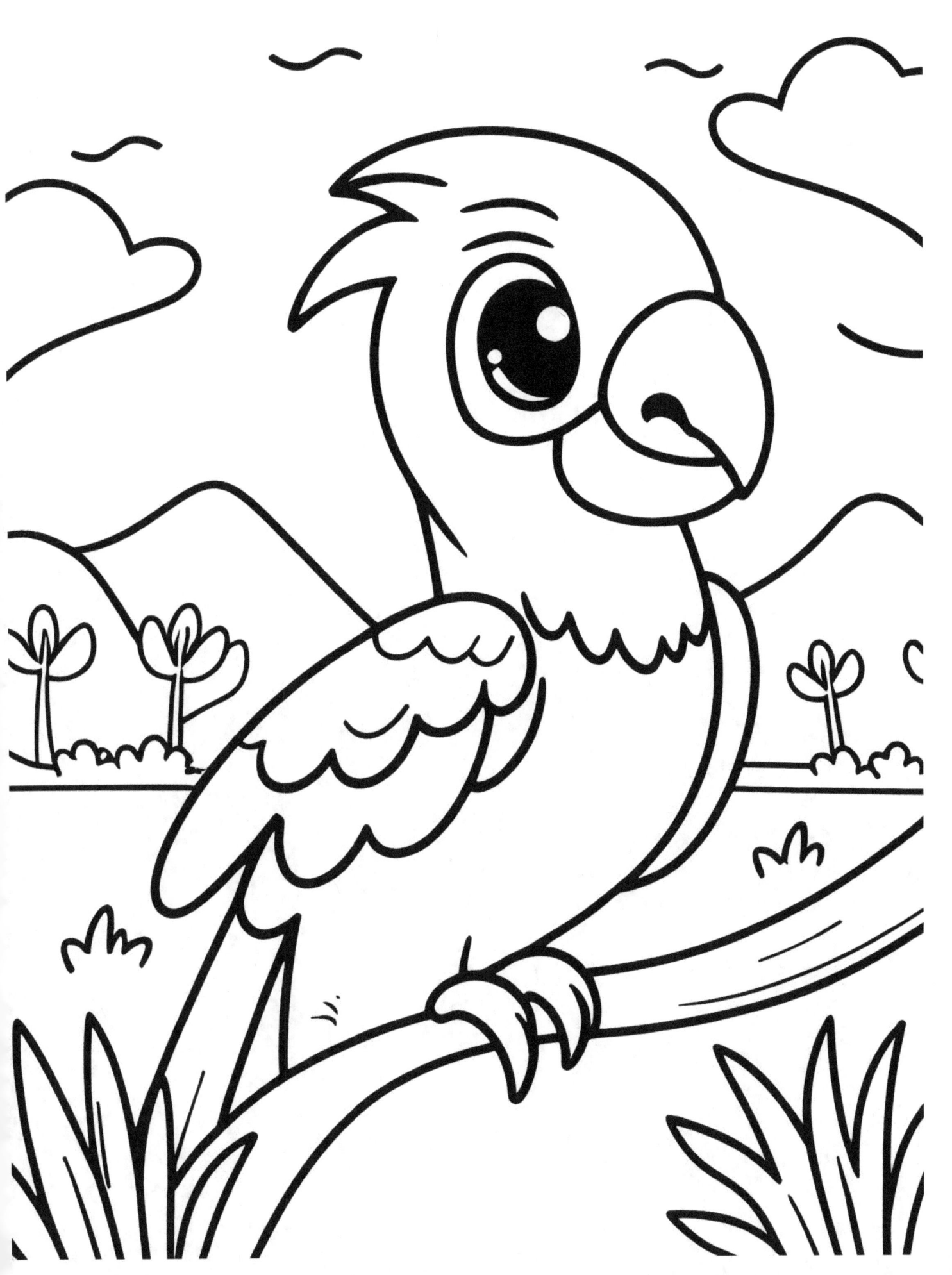

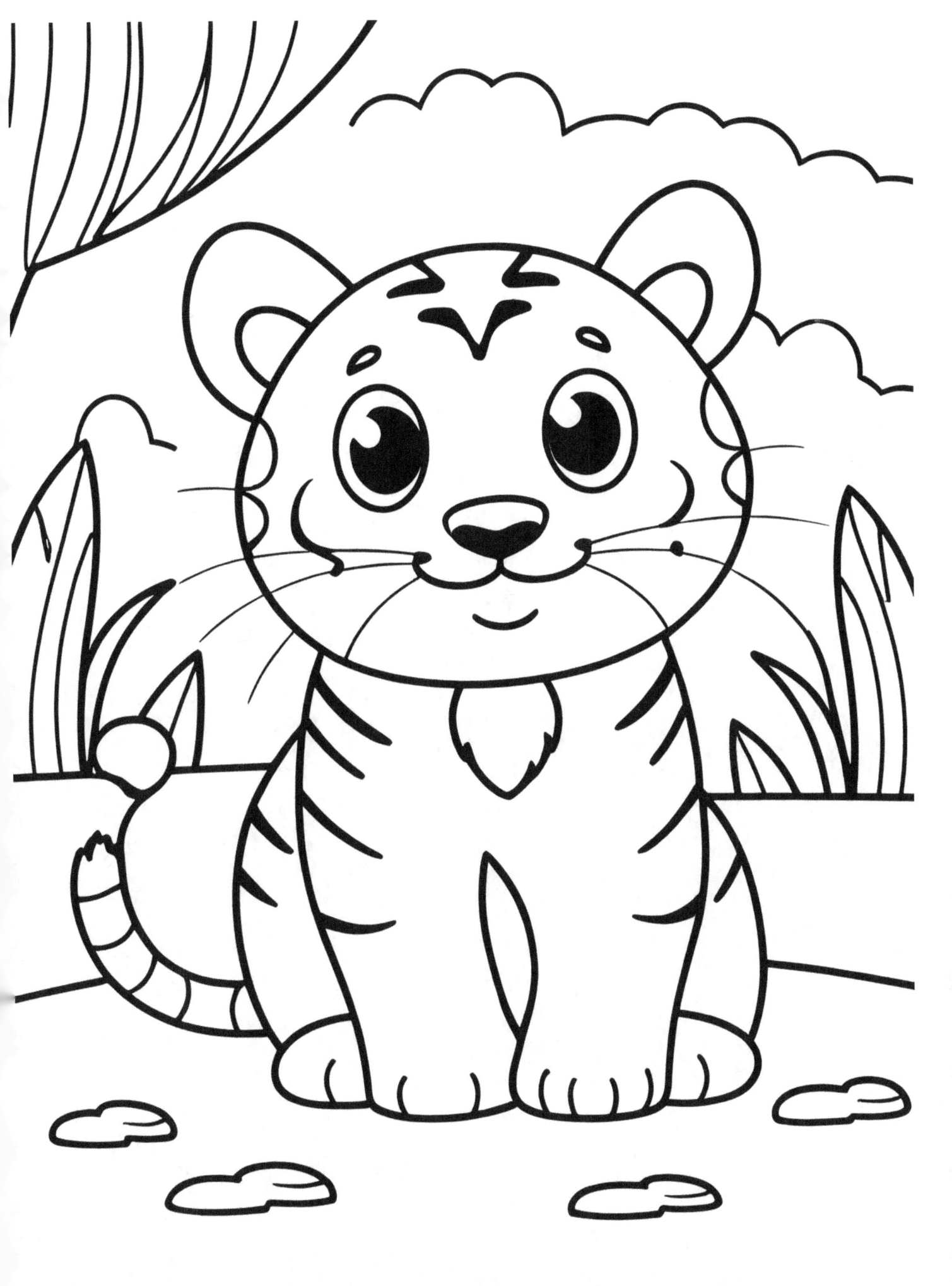

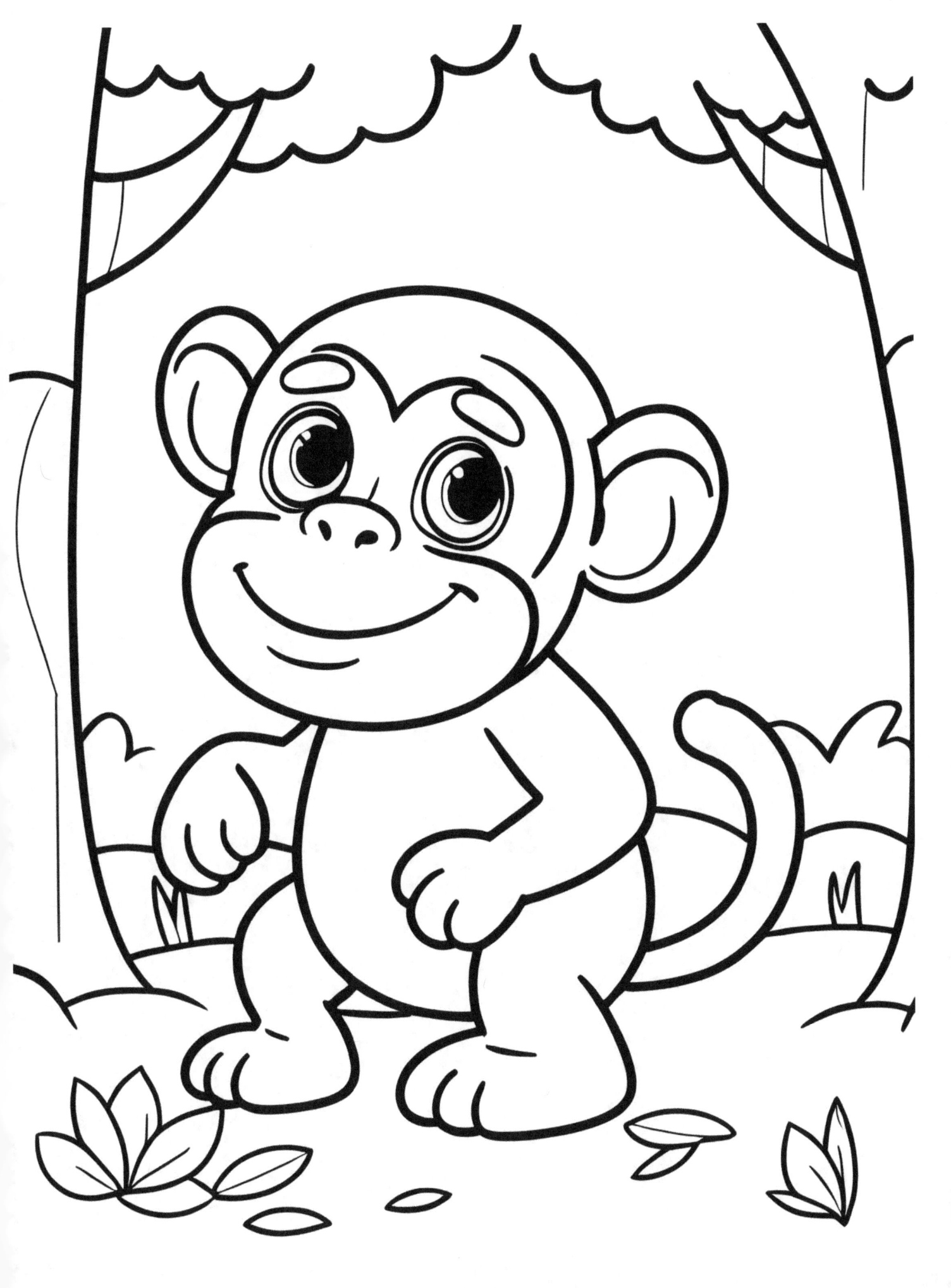

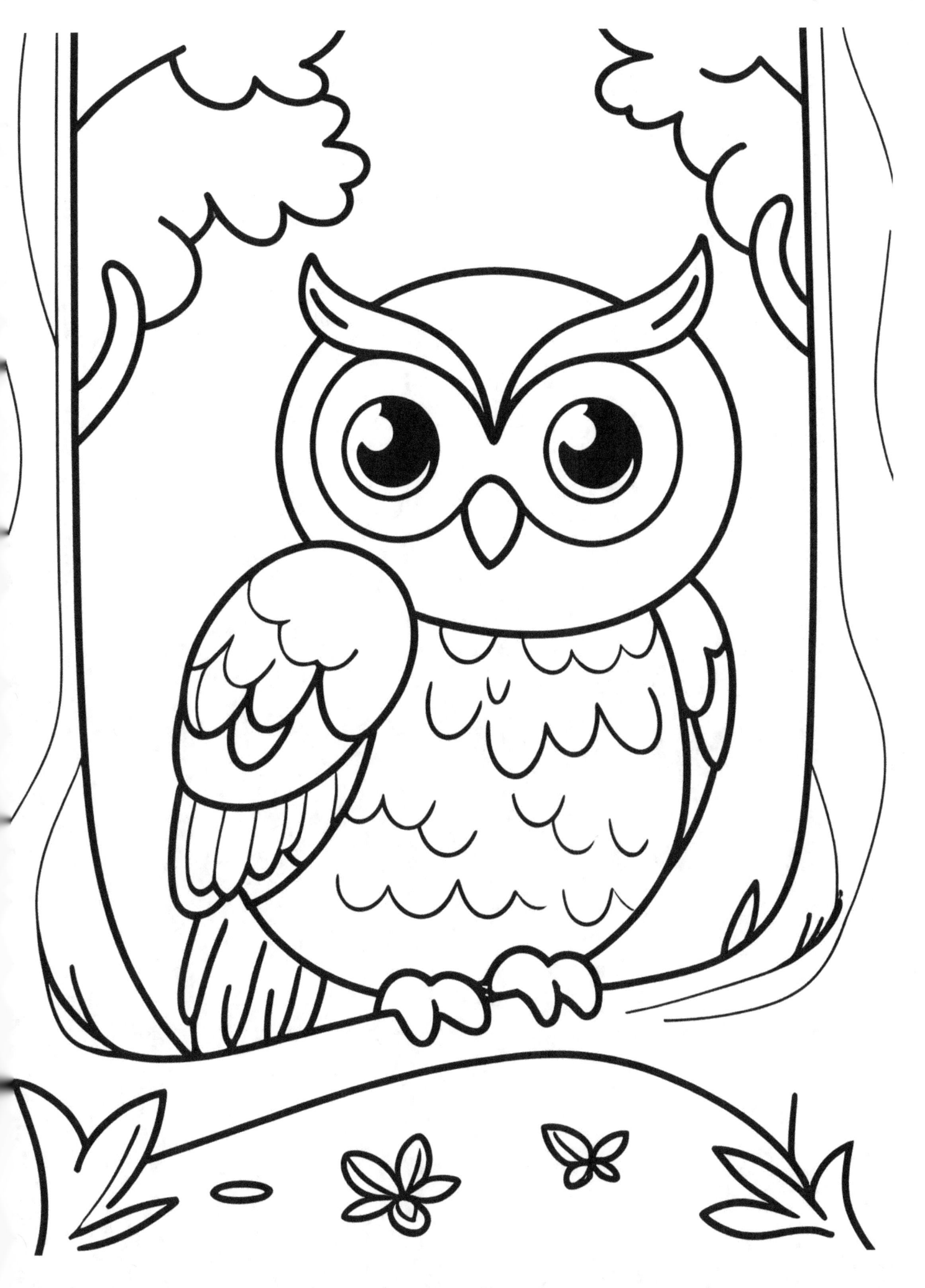

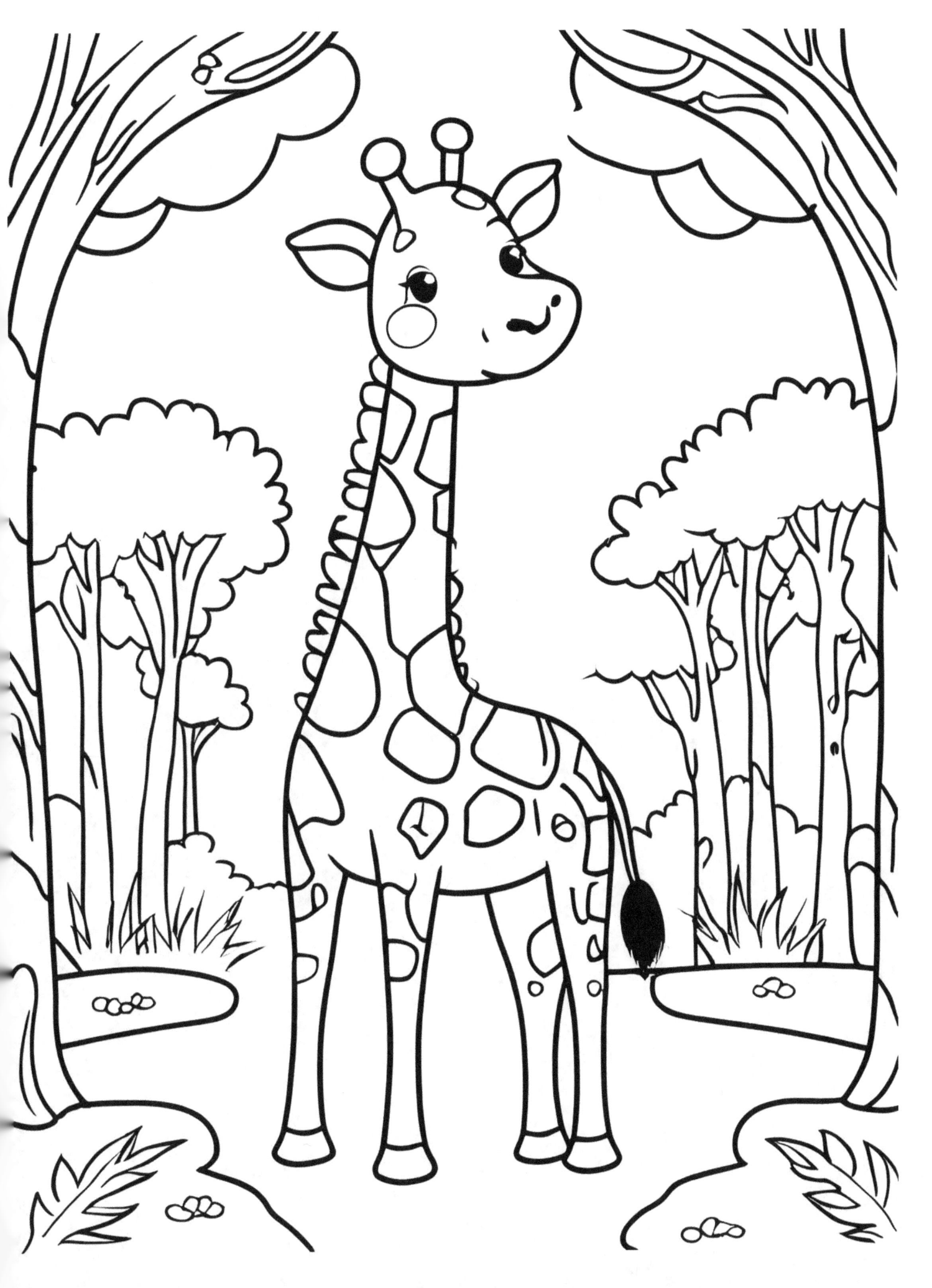

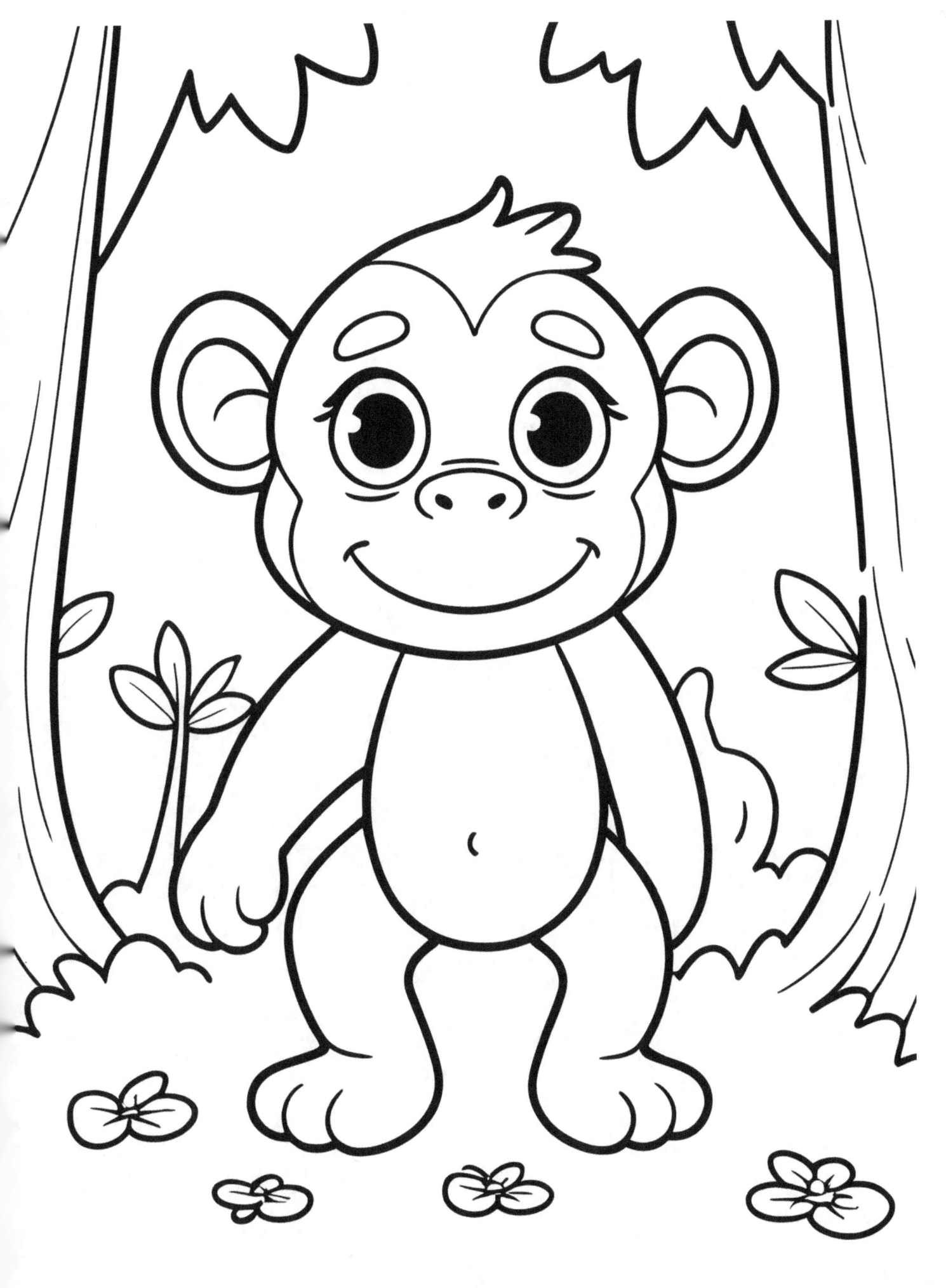

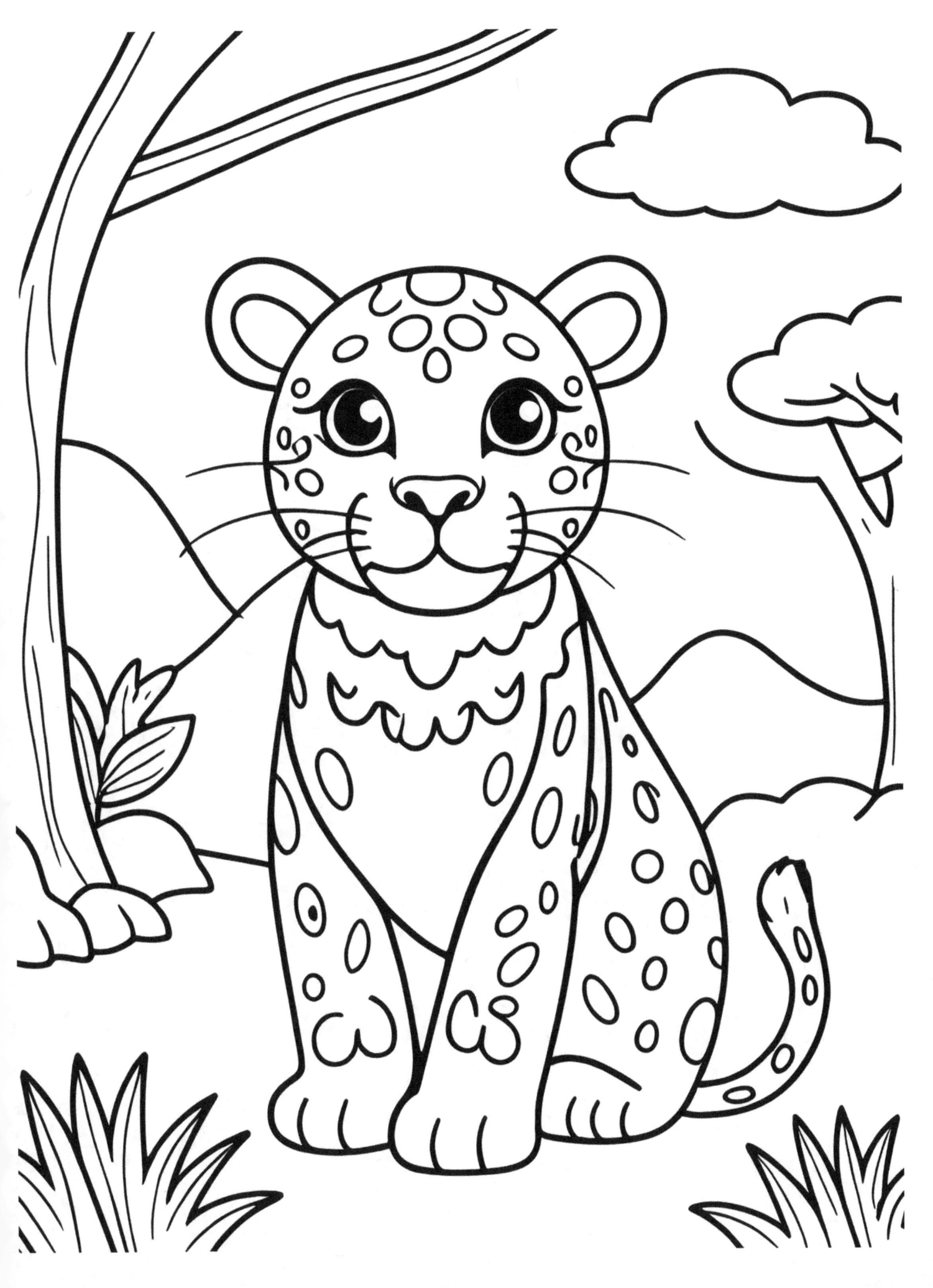

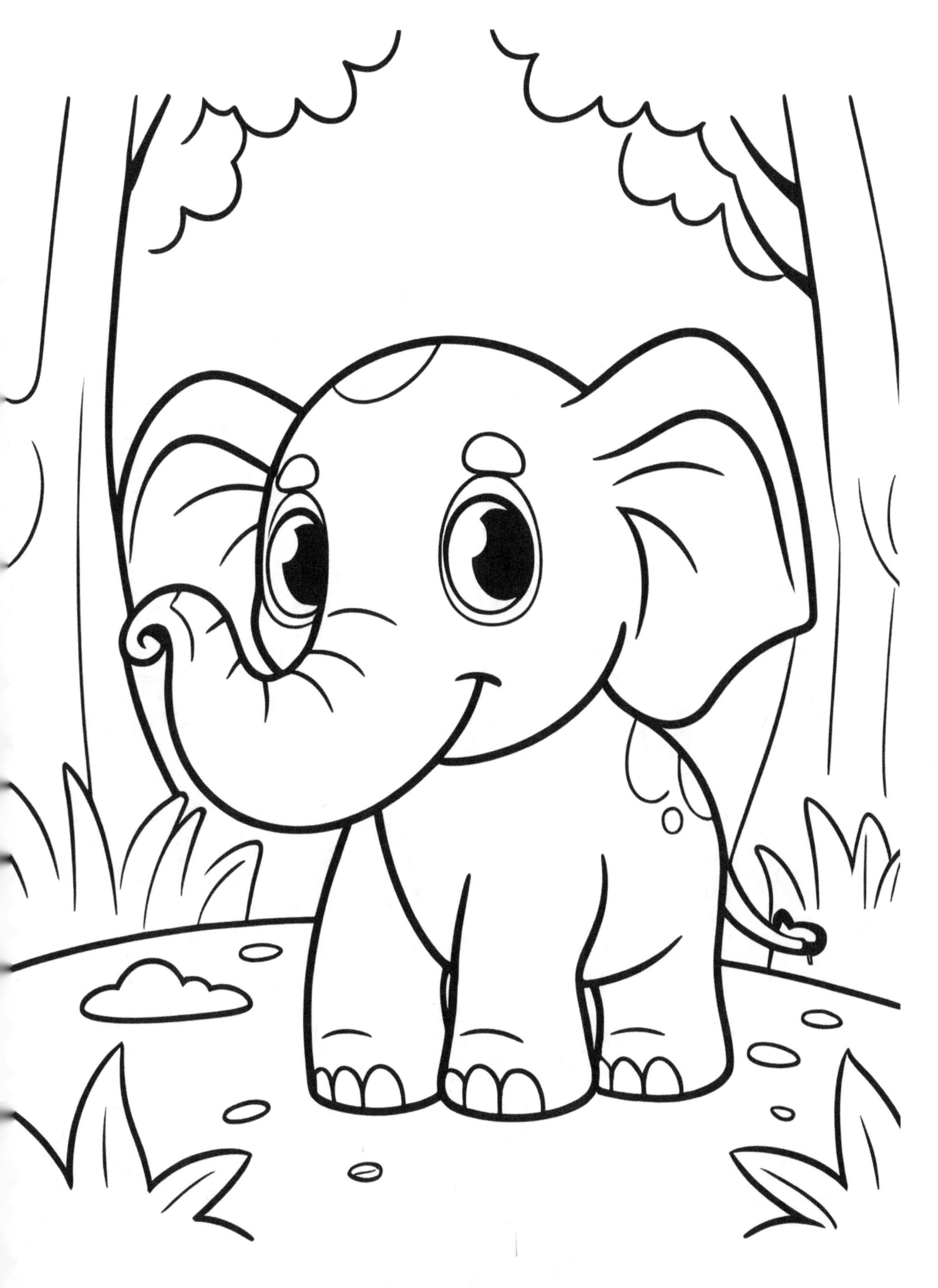

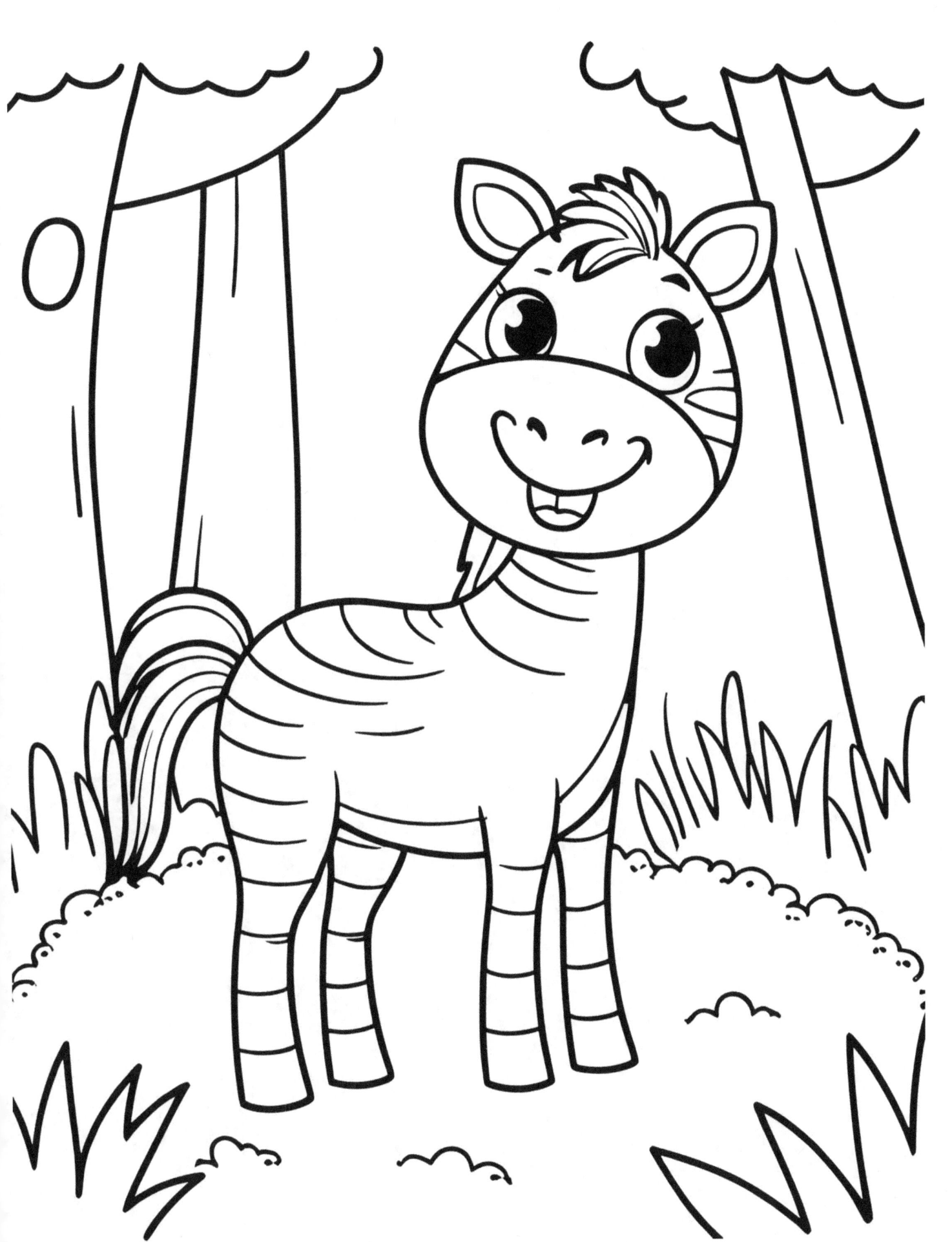

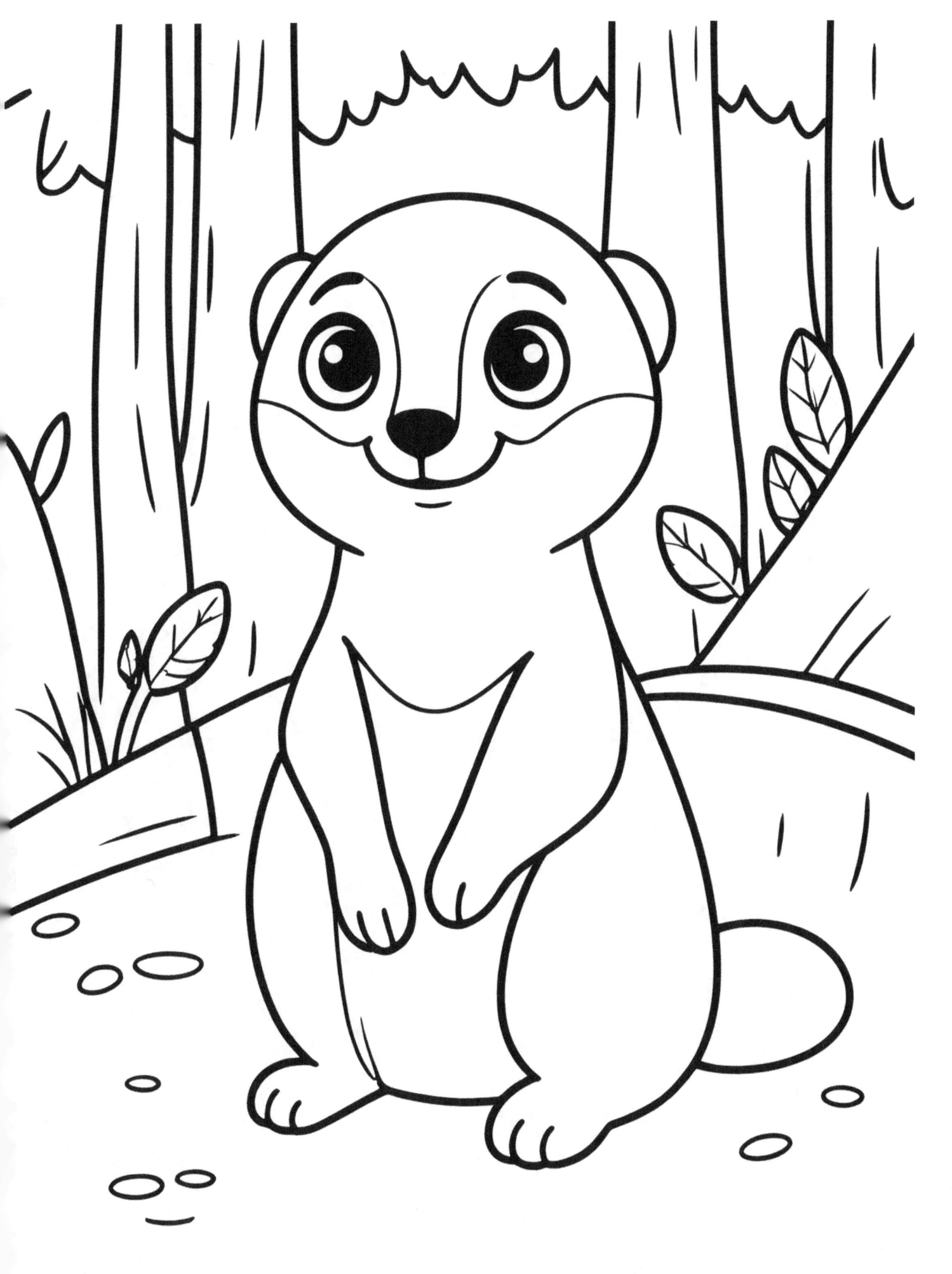

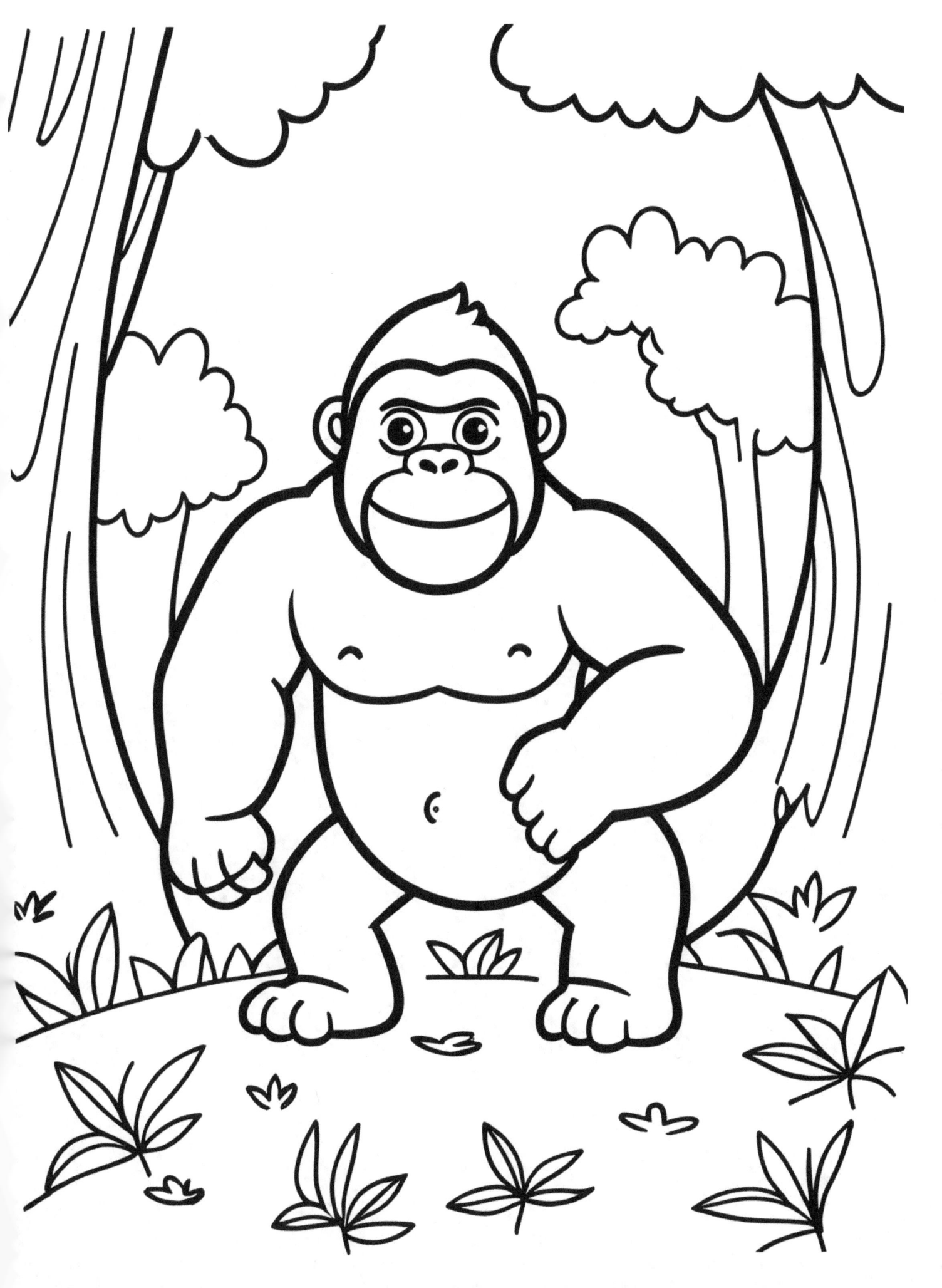

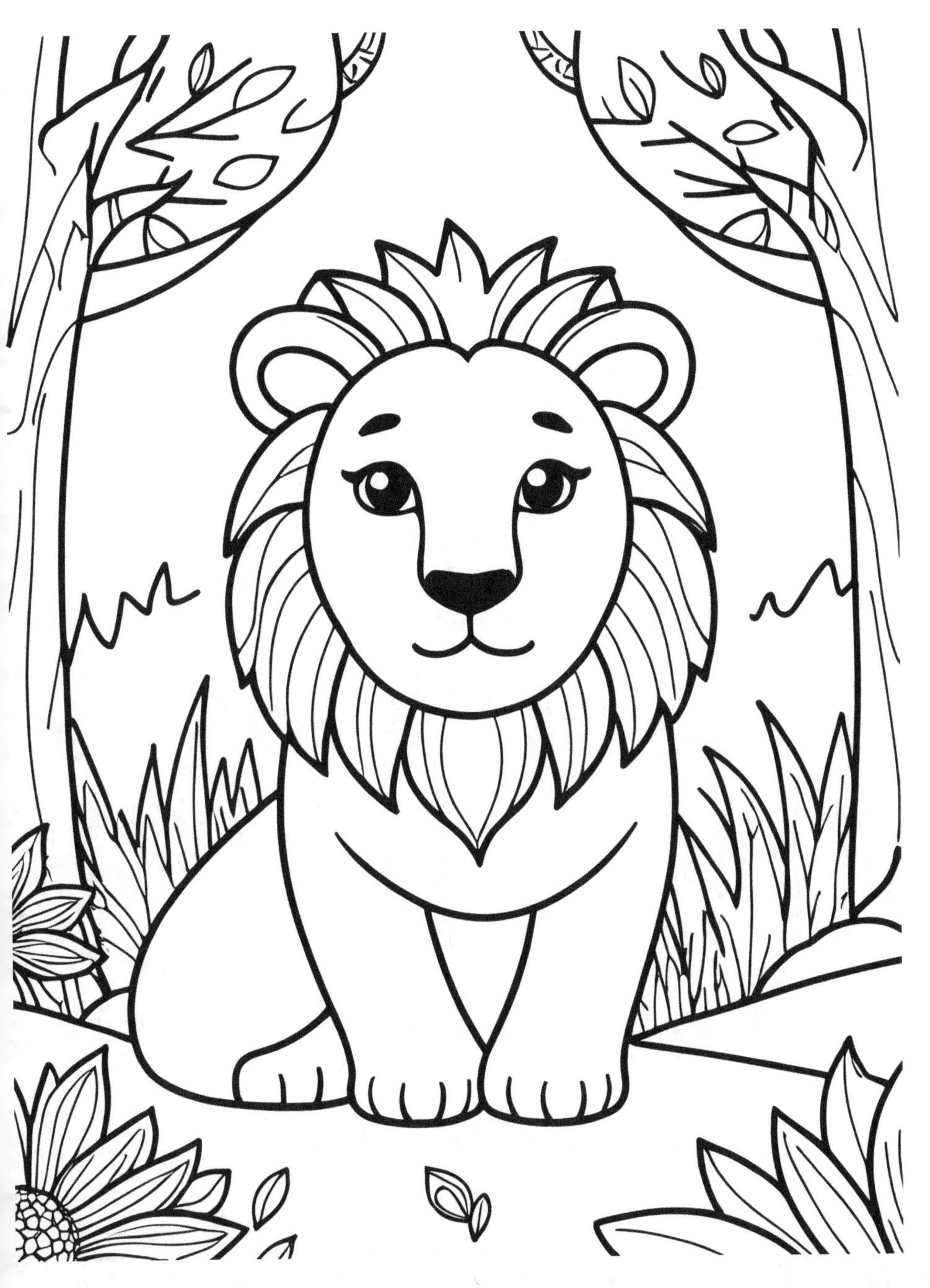

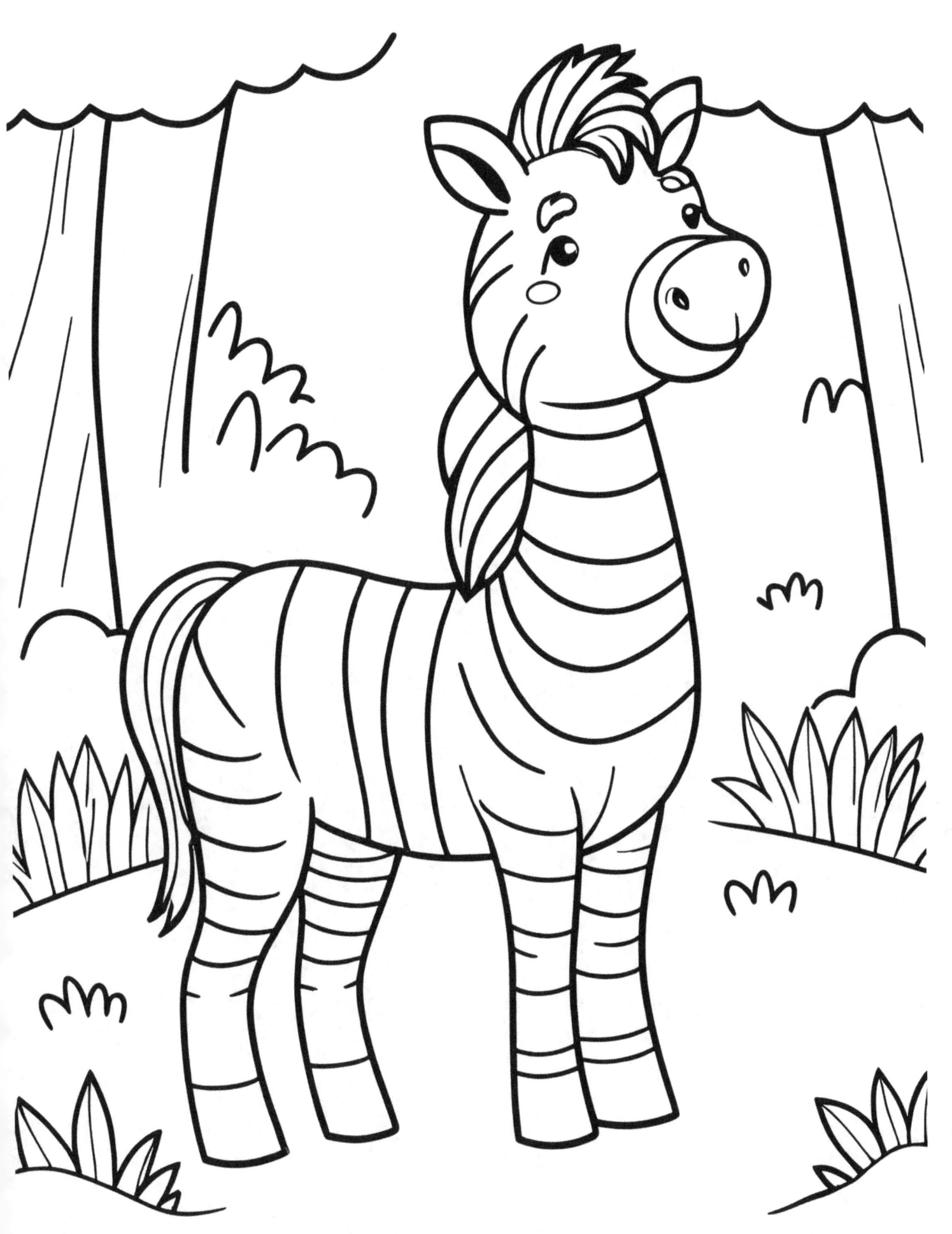

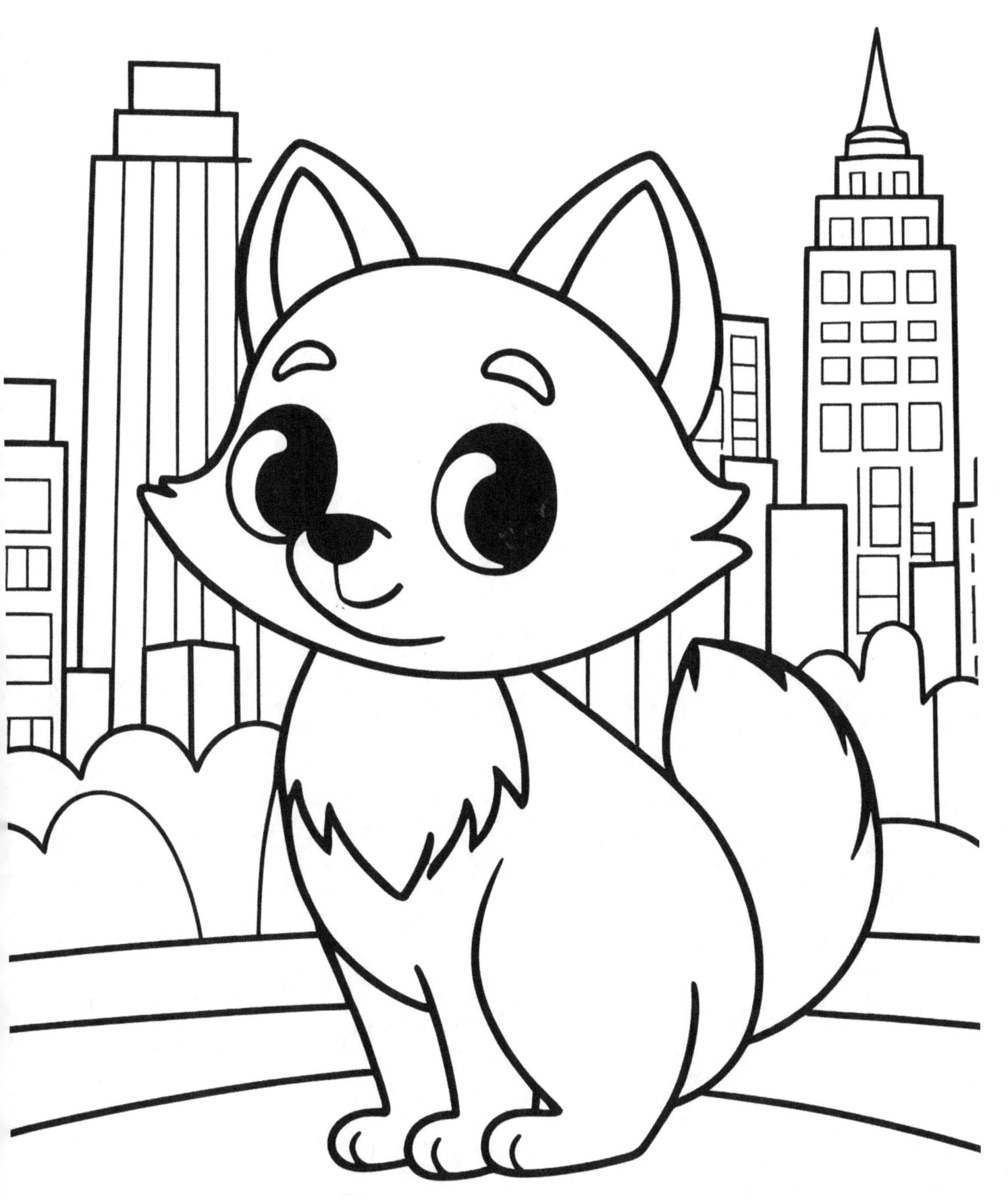